Dr. Qaysar Mahdi

Adoção de tecnologias móveis no ensino

Dr. Qaysar Mahdi

Adoção de tecnologias móveis no ensino

ScienciaScripts

Imprint

Any brand names and product names mentioned in this book are subject to trademark, brand or patent protection and are trademarks or registered trademarks of their respective holders. The use of brand names, product names, common names, trade names, product descriptions etc. even without a particular marking in this work is in no way to be construed to mean that such names may be regarded as unrestricted in respect of trademark and brand protection legislation and could thus be used by anyone.

Cover image: www.ingimage.com

This book is a translation from the original published under ISBN 978-620-2-07535-0.

Publisher:
Sciencia Scripts
is a trademark of
Dodo Books Indian Ocean Ltd. and OmniScriptum S.R.L publishing group

120 High Road, East Finchley, London, N2 9ED, United Kingdom
Str. Armeneasca 28/1, office 1, Chisinau MD-2012, Republic of Moldova, Europe
Printed at: see last page
ISBN: 978-620-7-90619-2

Conteúdo

Resumo

Este capítulo apresenta o novo projeto de desenvolvimento da tecnologia Timesheet para a conceção e gestão do Sistema Eletrónico de Gestão da Aprendizagem (ELMS) nos dispositivos móveis do Projeto do Campus Virtual da UNESCO no Iraque. As novas tecnologias móveis são utilizadas para adotar e desenvolver novas formas de ensino e aprendizagem. Neste capítulo, a tecnologia de folha de ponto da UNESCO é utilizada para produzir, editar e publicar as aulas e os cursos electrónicos. O desenvolvimento do modelo pedagógico para o curso de Avicena é sugerido neste projeto para conceber e organizar o ELMS na plataforma Moodle do telemóvel. O tempo das sequências é organizado de modo a não exceder 20 minutos, o número de sequências para cada módulo é 60 e o tempo total para cada módulo é de 20 horas, o que equivale a um crédito Avicena. O curso de Avicena é composto por dois ou três módulos, consoante o programa do curso. O M Learning dá aos professores e alunos a possibilidade de apresentarem os seus cursos electrónicos, aulas em vídeo, aulas em power point e avaliações simultaneamente no telemóvel através de ligações URL em qualquer lugar e a qualquer hora. O ciclo de garantia da qualidade do desenvolvimento do AQUAS foi concebido e criado para controlar a qualidade dos cursos produzidos, de acordo com o programa normalizado de cada disciplina e com os critérios do modelo pedagógico de Avicena. O resultado deste projeto é a existência de um sistema de produção de fácil acesso, muito fácil, adequado, flexível e económico que poupa tempo, dinheiro e esforços a professores e alunos em qualquer lugar e a qualquer momento. Para o futuro, sugere-se a tecnologia de computação em nuvem para a aprendizagem móvel, que utilizará a nuvem Moodle e facilitará e melhorará o desempenho do ELMS.

Capítulo 1. Introdução

A aprendizagem móvel ou m-learning é uma ferramenta relativamente nova no domínio da educação que permite a professores e alunos criar novos ambientes para a aprendizagem atual e à distância. A aprendizagem móvel é definida como a aprendizagem eletrónica através de dispositivos computacionais móveis: Palms, máquinas, até o seu telemóvel digital" e está a ganhar importância em diferentes sectores da sociedade [1]. Os materiais de ensino e aprendizagem são mais flexíveis e podem ser actualizados continuamente.

Um dos dispositivos tecnológicos mais recentes e inovadores é o telemóvel, que representa uma revolução na educação, uma vez que dá a oportunidade de aprender "em movimento", tornando o processo de aprendizagem mais apelativo, interessante e motivador no futuro [2]. Na sequência desta evolução, vários autores [3,4] mencionaram a necessidade de passar da sala de aula tradicional, onde o aluno é visto como um consumidor passivo de conhecimentos educativos, para uma sala de aula em que os alunos são considerados participantes activos e onde se dá primazia à colaboração e à partilha de informações num ambiente rico em recursos. Para fazer avançar esta mudança e a necessária reforma educativa, os criadores de hardware e software promovem novas ferramentas tecnológicas e, mais especificamente, dispositivos móveis, como dispositivos mágicos [5, 6]. Estes dispositivos móveis são definidos de forma mais restrita pelo New Media Consortium, em 2012, como dispositivos Android, Windows - ou iPads, ou seja, pequenos computadores pessoais móveis, sem fios, com ecrãs tácteis acionados com os dedos e apoiados por diversas aplicações num mercado de aplicações bem provisionado [7].

Com a evolução e a atualização das infra-estruturas de telecomunicações e dos dispositivos dos utilizadores finais, cada vez mais estudantes do ensino superior possuem os seus próprios dispositivos móveis ligados à Internet com um poder de computação moderado, o que faz aumentar a necessidade de ensino e aprendizagem móveis para permitir que as pessoas estudem em qualquer lugar e a qualquer momento. Em janeiro de 2013, as aplicações educativas representavam 10,55 % de todas as aplicações activas na Apple App Store, com 40 mil milhões de aplicações descarregadas da Apple App Store no início de 2013 [8]. Atualmente, a educação móvel é uma componente da pedagogia, das disciplinas tecnológicas e das ideias desafiantes. Dadas as características da aprendizagem ubíqua, designá-la-emos por educação pervasiva. Por conseguinte, este capítulo descreverá a educação móvel como uma ferramenta relativamente nova no domínio pedagógico e um método de ensino amplamente utilizado. O desenvolvimento da tecnologia informática para a largura de banda de comunicação e a potência computacional dos dispositivos móveis, o custo dos dispositivos móveis sem fios e a sua taxa de penetração influenciarão o desenvolvimento da educação móvel, especialmente na China [9].

Capítulo 2. Motivação da Aprendizagem M

A utilização generalizada da tecnologia móvel permite aumentar as actividades de aprendizagem, criar ambientes de aprendizagem e ajudar à utilização de novas tecnologias e fornecer novos métodos de aprendizagem e formação. O objetivo da próxima geração móvel é melhorar a utilização de novos métodos de aprendizagem e de formação que estejam disponíveis para todos os que desejem fazer parte da nova geração. Espera-se que a próxima geração de ensino à distância seja a aprendizagem móvel (M Learning). A grande difusão da Internet permite manter que o M Learning é atualmente o estado da arte do ensino à distância na Europa. A Fig. 1 mostra os princípios da aprendizagem móvel, que incluem o acesso, as métricas, a nuvem, a transparência, o jogo, o assíncrono, a auto-atuação, a diversidade, a curadoria, a mistura, o sempre-em-pé e a autenticidade.

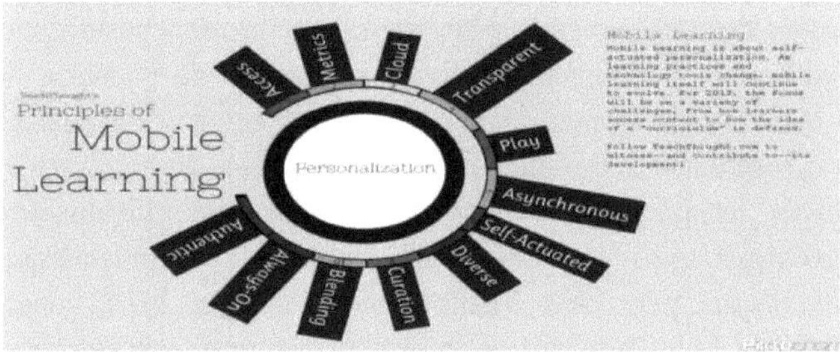

Fig. 1 Princípios do M-Learning

Atualmente, o processo de ensino funciona cada vez mais com tecnologias móveis. Há telemóveis para comunicar em quase todo o lado, computadores portáteis para trabalhar onde se quiser e assistentes pessoais digitais (PDA) para ter acesso à informação sempre que for necessário. É apenas uma questão de tempo até que as tecnologias móveis sejam utilizadas noutros aspectos da vida de aprendizagem. Um deles é a aprendizagem. As pessoas crescem, aprendem e desenvolvem-se melhor de muitas formas diferentes. A aprendizagem móvel é uma nova e óptima opção para todos nós, mas especialmente para aqueles que preferem aprender desta forma. O desafio consiste em encontrar os conhecimentos técnicos adequados que ajudarão a lançar conteúdos interactivos e interessantes nos dispositivos móveis. O desejo de tornar a aprendizagem cada vez mais acessível não se limita a tentar despejar montes de páginas digitalizadas e monótonas de informação, pois, se isso acontecer, a aprendizagem móvel conduzirá a um retrocesso ao cenário da aprendizagem eletrónica dos anos 90, em vez de continuar a marcha progressiva para a nova era da aprendizagem interactiva com simulações e jogos de estratégia sérios. A Aprendizagem M pode ser a máquina do tempo. Tem de decidir se regressa ao passado ou ao futuro da aprendizagem imersiva radical. A Fig. 2 mostra os novos dispositivos de tecnologias móveis capazes de corresponder ao sistema de gestão do M Learning.

Fig. 2 Dispositivos de tecnologias móveis

O M Learning pode melhorar a aprendizagem, colocando os alunos num contexto real e tornando o processo de aprendizagem mais apelativo, motivador e interessante. Os alunos podem maximizar a aquisição de aptidões e competências e otimizar o seu tempo de estudo. Os alunos saem simplesmente da sua sala de aula, dos seus escritórios; não são obrigados a permanecer num local com um computador pessoal/laptop. Aprendem real e imediatamente, em qualquer lugar, a qualquer momento, enquanto caminham, viajam, fazem as suas acções de rotina e, acima de tudo, "em movimento" [10].

Capítulo 3. O Modelo Pedagógico para a Aprendizagem M

A utilização de dispositivos móveis - tais como telemóveis e leitores de mp3 - cresceu de tal forma nos últimos anos que ultrapassa agora a proliferação de computadores pessoais nos contextos profissionais e sociais modernos [12]. A disponibilidade imediata e a adoção destes dispositivos permearam os meios de comunicação, socialização e entretenimento humanos de tal forma que é raro encontrar uma pessoa na sociedade ocidental que não possua pelo menos um destes dispositivos.

No entanto, parece que estas ferramentas convenientes têm sido pouco utilizadas em contextos de aprendizagem e que existe pouca fundamentação teórica para os ambientes de aprendizagem que as utilizam. Embora os chamados "early adopters" estejam dispostos a utilizar as novas tecnologias para fins pedagógicos, ainda não é claro que existam razões teóricas sólidas para a utilização de dispositivos móveis na aprendizagem. Neste projeto, procurámos demonstrar que os avanços nos desenvolvimentos filosóficos e práticos na educação criaram condições justificáveis para a utilização pedagógica das tecnologias móveis com base na aprendizagem autêntica [12].

Capítulo 4. Projeto de Campus Virtual da UNESCO no Iraque

Objectivos e âmbito do projeto

Os objectivos deste projeto consistem em apresentar uma compreensão clara da tecnologia moderna, designada por tecnologia Timesheet, proposta pela UNESCO Paris desde 2009. O modelo pedagógico para o curso de Avicena é sugerido neste projeto para conceber e organizar o ELMS na plataforma Moodle do telemóvel. O terceiro objetivo é conceber o sistema AQUAS e o ciclo de garantia da qualidade, que são concebidos e criados para controlar a qualidade dos cursos produzidos de acordo com o programa padrão para cada disciplina, segundo os critérios do modelo pedagógico de Avicena. A utilização de tecnologias móveis é adoptada para editar, publicar e produzir o ELMS e o e-syllabus no dispositivo móvel.

A UNSCO planeou a criação de uma rede de centros de aprendizagem eletrónica no Iraque desde 2009. O Governo de Erbil iniciou um estudo-piloto de E-Learning para a Universidade de Salahaddin, aqui em Erbil, no Curdistão iraquiano, que está a começar a seguir o mesmo caminho com a visão de integrar as TIC no seu sistema de ensino e aprendizagem. Os centros de E-learning criaram um portal educativo em linha em 2009 e esperam inscrever 15 000 a 20 000 dos seus estudantes num programa de licenciatura. Os futuros estudantes não terão aulas tradicionais, mas sim telemóveis. Análise das iniciativas de aprendizagem móvel recentes e em curso para apoiar o ensino e a aprendizagem na Europa e na Ásia. A análise centra-se, em particular, na utilização de telemóveis - isoladamente ou em combinação com outras tecnologias - para aumentar o acesso a oportunidades e recursos educativos, fornecer instrução direta em contextos educativos formais e informais, melhorar a competência e o desenvolvimento profissional dos professores e enriquecer a qualidade educativa para todos os alunos.

A década de 2000 assistiu a um crescimento sem precedentes da telefonia móvel em todo o mundo, tanto nos países desenvolvidos como nos países em desenvolvimento. Existem atualmente 5,9 mil milhões de assinaturas de telemóveis em todo o mundo, o que representa uma taxa de penetração de 87%. Nos países em desenvolvimento, a taxa de penetração da telefonia móvel é de 79%, quase tão elevada como a média mundial. Atualmente, existem mais de 5,9 mil milhões de assinaturas de telemóveis em todo o mundo e, por cada pessoa que acede à Internet a partir de um computador, duas fazem-no a partir de um dispositivo móvel. Dada a omnipresença e a expansão da funcionalidade das tecnologias móveis, a UNESCO gostaria de compreender melhor o seu potencial para melhorar e facilitar a aprendizagem, especialmente em comunidades onde as oportunidades de educação são escassas. Parece apropriado que a década atual, que muitos dizem que será moldada pelos avanços nas tecnologias móveis e pelas mudanças sociais e culturais que esses avanços trazem, tenha começado com uma revolução móvel, não num sentido figurado, mas literalmente. Se havia alguma dúvida de que os telemóveis iriam mudar o mundo, essas dúvidas foram dissipadas com a primavera Árabe em 2011. Embora muitas pessoas conheçam o papel que os telemóveis desempenharam nos protestos e nas lutas que acabaram por derrubar governos com décadas de existência no Egipto, na Tunísia e na Líbia, é menos conhecido o facto de as informações sobre a corrupção governamental e o abuso dos direitos constitucionais terem sido divulgadas através de dispositivos móveis anos antes de 2011.

O Plano Estratégico do Curdistão para 2010-2018 reconhece, no entanto, a importância das TIC no ensino superior e planeia criar uma rede de área alargada que ligará todas as faculdades e institutos da Universidade e fornecerá uma base Web. Também recebem formação em diferentes sessões para conhecerem o processo de registo dos seus professores, utilizando os modelos. Estão prontos para colocar os professores dos seus cursos em linha para os alunos através das instalações da AVCI no Centro de Erbil para e-learning. Celebram um contrato diretamente com a UNESCO após a avaliação dos seus professores de cursos em linha pelos peritos pedagógicos. É uma questão de prazer se o atual Governo do Curdistão, aqui em Erbil ou no centro de Bagdade, declarou uma visão para construir o "Curdistão Digital ou Bagdade" até 2020. Este termo científico tem as seguintes componentes: Governo Digital, Educação Digital, Empresas Digitais, Cidadão Digital (Estudante) e Sociedade Digital.

4.1. Módulo Pedagógico para ELMS

I Nesta secção, são definidas as seguintes definições e tópicos;

4.1.1. Curso de Avicena

O curso de Avicena faz parte do currículo académico de um curso ministrado pela sua instituição. Um curso Avicena consiste em horas de aprendizagem em linha e horas de contacto entre tutores e alunos. A distribuição entre as horas de formação em linha e as horas de contacto pode ser fixada à sua discrição.

4.1.2. Módulos de Avicena

Um módulo Avicena é uma "unidade de curso". Um curso Avicena é composto por um ou vários módulos (ou unidades curriculares). Um módulo é uma experiência de aprendizagem autónoma, formalmente estruturada, com um conjunto coerente e explícito de resultados de aprendizagem e critérios de avaliação. Um módulo tem uma duração de vinte (20) horas. Um módulo é equivalente a um (1) crédito Avicena.

4.1.3. Sessões de Avicena

> Uma sessão de Avicena é o "equivalente" a um capítulo no ensino tradicional.

> Um módulo Avicena é composto por várias sessões.

> De acordo com os documentos em causa, as sessões podem ser classificadas em:

> sessões introdutórias (ou primeiras),

> Sessões intermédias,

> sessões finais (ou últimas).

4.1.3.1. A primeira sessão (do módulo)

> É composto pelos seguintes documentos (multimédia):

> Bem-vindo,

> Visão geral (do material do módulo atual),

> Resultados da aprendizagem (do módulo atual),

> Conhecimentos prévios (necessários antes de iniciar o módulo atual).

4.1.3.2. As sessões intermédias

> Consiste nos seguintes documentos (multimédia):

> Avaliação diagnóstica,

> Síntese (do material da sessão atual),

> Resultados da aprendizagem (da sessão atual),

> Conjunto de sequências de aprendizagem.

4.1.3.3. A avaliação diagnóstica

> É necessária uma avaliação diagnóstica antes de iniciar a sessão atual,

> Destina-se a:

> sondar o contexto cognitivo dos aprendentes, e

> para lhes recordar o material relevante.

4.1.3.4. A última sessão (do módulo)

> Recursos de aprendizagem, que consistem num conjunto de documentos (normalmente) em linha (multimédia),

> Reconhecimento dos recursos utilizados em linha e/ou fora de linha, em papel e/ou electrónicos.

4.1.3.5. Sequências de aprendizagem de Avicena

> A sequência é a unidade básica do processo de ensino (algo como uma secção no ensino tradicional)

> Cada sessão (Avicena) consiste em várias sequências de aprendizagem (Avicena), de vinte (20) minutos cada.

> Uma sequência é constituída pelo seguinte:

> Introdução (Boas-vindas aos formandos, apresentação do tutor académico e definição dos objectivos da sequência de aprendizagem),

> Conteúdo (o novo material didático),

> Conclusão (resumo do conteúdo apresentado).

4.1.3.6.A avaliação formativa

> A avaliação formativa tem por objetivo contribuir para a formação da massa cognitiva,

> Segue-se a cada sequência de aprendizagem (não esquecer que a avaliação diagnóstica precede cada sessão).

> Observação: a avaliação sumativa (que se destina a avaliar o grau de cumprimento dos resultados de aprendizagem) ainda não está implementada nos cursos da Avicena.

4.1.4. Avaliação do material produzido

> São adoptados dois tipos de estratégias: uma estratégia de avaliação a priori e uma estratégia de avaliação a posteriori.

> A avaliação a priori fornece feedback durante o desenvolvimento do curso Avicena,

> A avaliação a posteriori fornece feedback durante a realização do curso Avicena.

4.1.4.1.Os actores da avaliação

> A priori (durante o desenvolvimento do curso):

> Interno (pares, conselho de departamento, conselho de escola, conselho de reitores),

> Externas (pares, peritos em educação à distância/e-learning, conselho científico da UNESCO, comité de acreditação da UNESCO).

> A posteriori (durante a realização do curso):

> Internos (os nossos alunos, os nossos tutores),

> Externos (alunos e tutores de outras instituições).

4.1.4.2.Estratégias de avaliação avançadas (não aplicadas até à data)

> Não só os criadores de cursos e os alunos têm de ser avaliados, mas também:

> Tutores, criadores de currículos e administradores.

> os tutores têm de ser avaliados pelos pares e pelos alunos para obterem feedback sobre o seu desempenho na tutoria,

> os conceptores de programas curriculares têm de ser avaliados pelos seus pares e pelas instituições de garantia da qualidade para obterem feedback sobre a sua conceção,

> Os administradores têm de ser avaliados pela utilização que fazem dos recursos afectados.

4.1.5. Modelo Pedagógico de Avicena Mapa de Estrutura

A Fig. 3 mostra o Modelo Pedagógico de Avicena, o Mapa da Estrutura do Módulo, o número total de sequências para cada Módulo de Avicena é de 60 sequências, cada período de sequência é de 20 minutos e o período total para cada Módulo de Avicena é de 1200 minutos, o que equivale a 20 horas. Cada curso pode consistir em mais do que um Módulo Avicena, dependendo do conteúdo programático do curso.

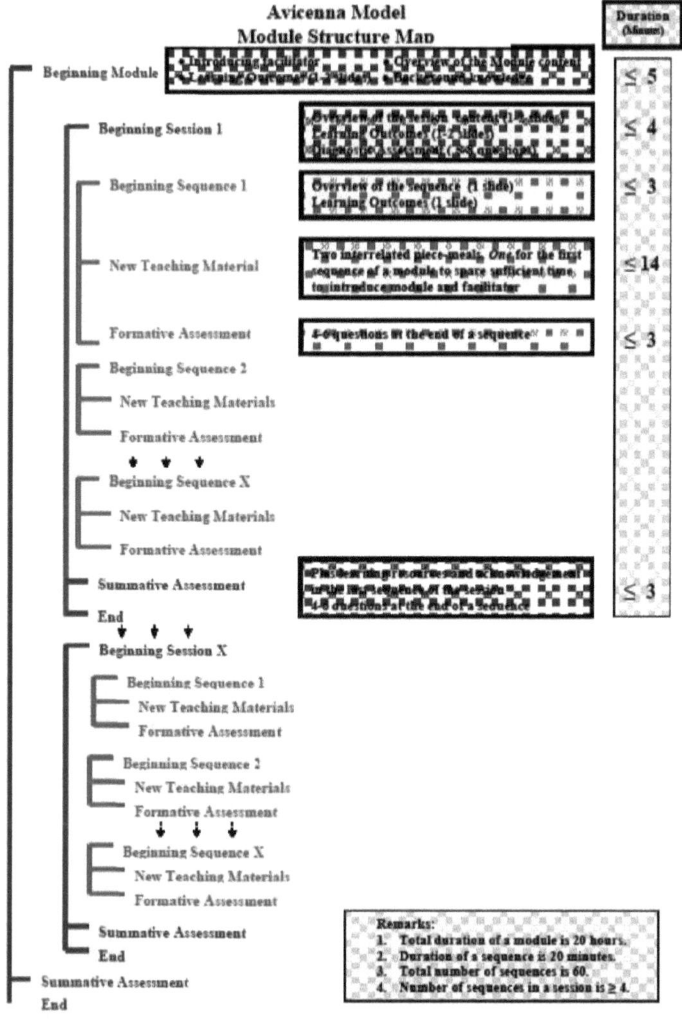

4.2. Tecnologia de folha de ponto na produção das sequências de aprendizagem de Avicena :

Os seguintes softwares e ferramentas são implementados para a instalação do novo programa TIMESHEET TECHNOLOGY ;

- Instalar o RealPlayer
- Instalar o Real Producer
- Instalar o Windows Media Encoder
- Instalar o conversor de vídeo
- Instalar o conversor de áudio
- Instalar o iTunes para suporte do QuickTime
- Instalar o Java Media Framework
- Instalar o mapa de horas
- Instalar o SMILE

4.2.1. Criação de uma apresentação de diapositivos multimédia utilizando o tempo de "Nova apresentação de diapositivos

- Executar o PowerPoint
- Ir para o Windows Media Encoder
- Executar o vídeo
- Clique em "verificação... "
- Guardar os diapositivos com o tempo

4.2.2. Criar a apresentação

- Executar o Windows Media Encoder
- No menu Ficheiro, do PowerPoint, abra Nova Apresentação de Diapositivos
- Escolha um título para a apresentação de diapositivos
- Abra o seu vídeo executando o Windows Media Encoder
- Utilizar o URL para importar os seus diapositivos
- Clicar em iniciar a produção da WME
- Executar na reprodução para verificar o vídeo e o áudio.

4.2.3. Inserir o logótipo

- Abrir o ficheiro .smil com o Timesheet.

■ Clique com o botão direito do rato na estrutura de raiz e seleccione "adicionar após", depois seleccione a região e, em seguida, seleccione "todos os atributos permitidos".

■ Seleccione o atributo id e atribua-lhe um valor (ex: região 1).

4.2.4. Cinco passos para a criação de uma sequência multimédia com a tecnologia TIMESHEET SMILE[11,12]

4.2.4.1.1st Passo: Preparação dos documentos

> Crie uma pasta "SEQUÊNCIA DE TEMPO" que contenha o seguinte

> O seu ficheiro de áudio/vídeo,

> O seu ficheiro áudio (extraído do ficheiro áudio-vídeo),

> O ficheiro PowerPoint,

> O logótipo (fundo),

> Todos os documentos serão criados posteriormente.

4.2.4.2.2nd Passo: Criar diapositivos PNG utilizando a Apresentação de diapositivos da barra de menus do Power Point

> Crie os diapositivos PNG (a partir do ficheiro PPT) da seguinte forma.

> Abra o ficheiro PPT e seleccione o botão Slideshow ;

> Clique com o botão direito do rato no Slideshow e escolha a opção Iniciar narração de gravação para registar o tempo de cada diapositivo PNG.

> Os diapositivos PNG serão guardados numa pasta com o mesmo nome que o ficheiro PPT (sem a extensão PPT).

4.2.4.3.3rd Passo: Criação da pasta de vídeo utilizando o Windows Media Encoder (WME)

> Inicie o WME para abrir uma nova pasta de vídeos em formato webm (dê-lhe um nome).

> Ajuste a Câmara e a hora de modo a registar o vídeo e o áudio em sincronização com o registo de cada diapositivo.

> Guarde o filme produzido em formato webm com o seu nome.

> Converta os diapositivos dos powerpoints em formato de imagem utilizando a narração de gravação na janela de apresentação de diapositivos.

4.2.4.4.4th Passo - Criação de uma sequência MultiMedia utilizando a tecnologia TIMESHEET

> Selecionar o modelo "Tecnologia TIMESHEET",

> Arrastar e largar o diapositivo 1st ,

> Clique em Adicionar e arraste e largue o segundo diapositivo e assim sucessivamente até ao último diapositivo,

> Guardar o documento,

> Fechar o documento.

> Converta o ficheiro de vídeo em novos ficheiros de vídeo em três formatos: ogv, ogg, ,.

> Abra uma nova pasta com o nome Pasta de vídeo para recolher os ficheiros de vídeo.

> Converta os ficheiros áudio para os novos formatos .

> Abra a pasta de áudio e coloque os ficheiros de áudio na mesma.

> Converta os diapositivos PNG em ficheiro de imagem e junte os diapositivos PNG numa pasta com o nome de pasta IMAGE,

> Abrir a pasta Linha de tempo que calcula o início e o fim de cada diapositivo

4.2.4.5.5th Passo - Exportação de uma sequência MultiMedia

> Abra uma nova sequência TIMESHEET e coloque nela a pasta Vídeo, a pasta Imagem, a pasta Áudio e a pasta Linha de tempo.

> Insira os títulos dos ficheiros de vídeo, dos ficheiros de áudio, da linha de tempo e dos ficheiros de imagem no programa TIMESHEET & SMILE.

> Modifique o ficheiro do programa inserindo o título de cada diapositivo,

> Inserir a linha do tempo de cada diapositivo da sequência,

> Inserir os diapositivos PNG como imagem, com os novos formatos de ficheiros

> Insira os títulos dos ficheiros de vídeo em três formatos: ogv, webm e wmv.

> Modifique o ficheiro Timesheet.smile de acordo com a hora de cada diapositivo PNG.

> Inserir os formatos de ficheiros áudio, m4a, mp3 e ogg .

> Guarde o ficheiro modificado na pasta da disciplina.

4.3. Exemplos de tecnologia e ferramentas para a produção de palestras electrónicas (sequência Avicena)

Esta secção prepara uma aula eletrónica. Para produzir uma aula eletrónica, deve utilizar as seguintes ferramentas -

Um programa para capturar a sua visão (windows media encoder) neste passo será criado um ficheiro de vídeo.

Este ficheiro de vídeo deve ser convertido num ficheiro com um tamanho mais pequeno. produtor real.

A aula em Power Point deve estar pronta para fazer corresponder as duas componentes da aula eletrónica (ficheiro de vídeo e texto escrito), que é produzido como ficheiro Power Point com a extensão de texto Power Point.

Um programa para fundir as duas componentes tendo em conta a sincronização da fala e da escrita.

4.3.1. Existem alguns programas obrigatórios que devem ser utilizados

Windows Media Encoder (WME) e as etapas serão explicadas a seguir:

a- Quando o programa é iniciado, selecionar capturar áudio, vídeo

b- Se a pré-visualização não aparecer no ecrã (a câmara web não funcionou), vá a propriedades -> saída -> navegação e coloque o nome do ficheiro da sua primeira aula e a sua localização.

c- Se continuar a não atuar, vá a propriedades -> saída -> processamento -> escolha o segundo tig -> aplique ->ok.

d- Iniciar a gravação e parar, aqui o vídeo e o áudio serão gravados.

e- Utilizar o produtor real para reduzir o tamanho do ficheiro de vídeo.

f- A apresentação em PowerPoint já deve estar pronta

g- Pode utilizar a opção REGISTO DE NATAÇÃO no separador "Apresentação de diapositivos" do programa Power Point para obter o período de todos os diapositivos individualmente.

4.3.2. Etapas da produção da aula eletrónica (sequência de Avicena) utilizando a tecnologia Timesheet

Etapa 1: Criar as pastas da aula eletrónica que são;

Pasta de áudio, pasta de vídeo, pasta de apresentação, pasta de imagens e pasta Timesheet.

A Fig. 4 mostra estas pastas e a Fig. 5 mostra os programas de script Timesheet, que consistem nas pastas principais e no programa de software de script com temporização.

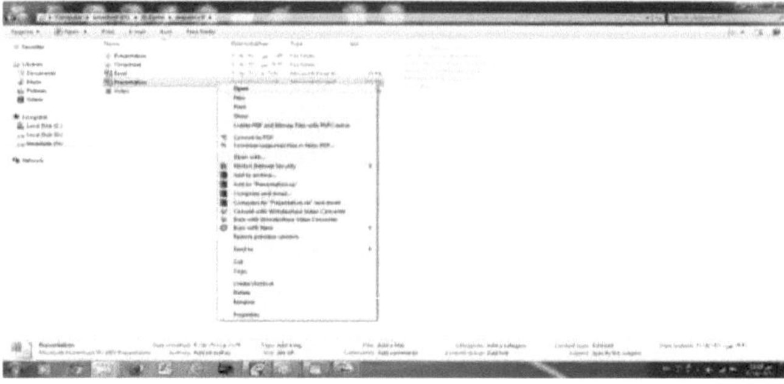

Fig. 4 Pastas de folhas de presença

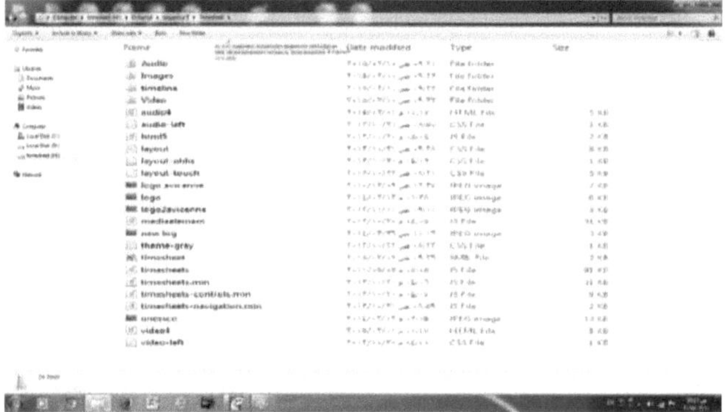

Fig.5 Pastas de programas de script de folha de horas

Passo 2: Começar a inserir o tempo de cada diapositivo da palestra de apresentação.

A Fig. 6 mostra o ficheiro de apresentação em Power Point. Fig. 7, Colar as imagens dos powerpoints no programa de registo de horas.

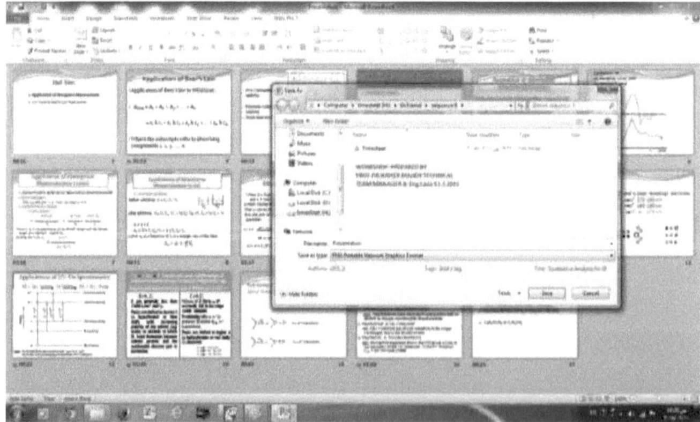

Fig. 6 Inserir o tempo dos diapositivos Power Point da aula no programa Timesheet

Em seguida, cole as imagens dos powerpoints no programa de registo de horas, ver Fig. 7.

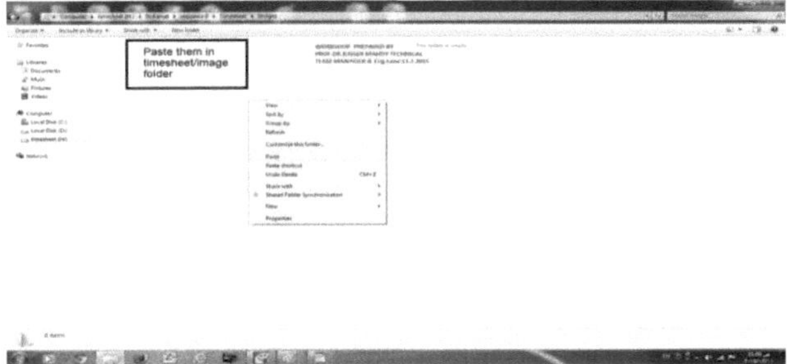

Fig. 7 Colar as imagens dos powerpoints no programa de registo de horas

Passo 3: Inserir o tempo de cada imagem da aula em PowerPoint. A Fig. 8 e a Fig. 9 mostram estes passos.

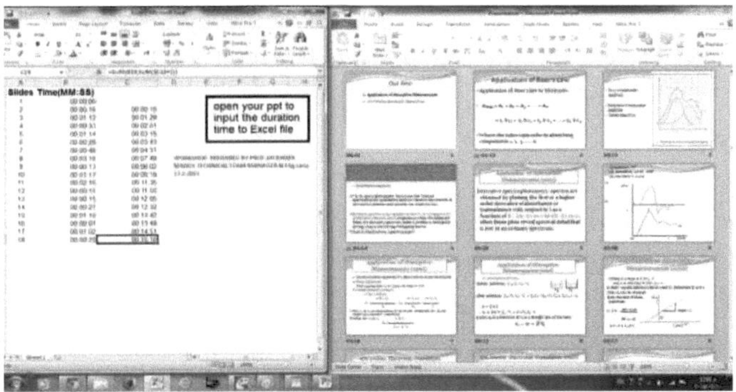

Fig. 8 Tempo de inserção de imagens Power Point

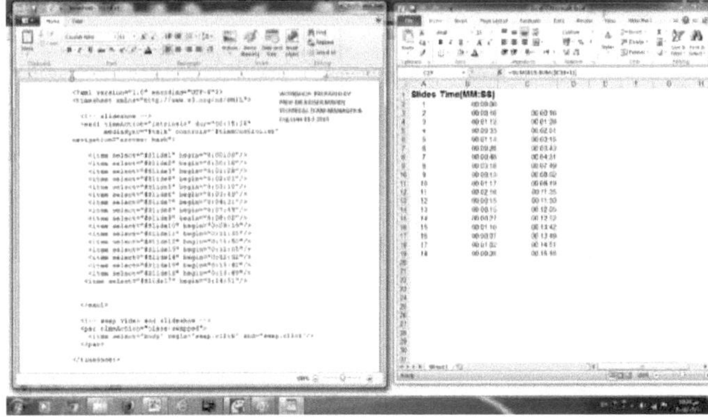

Fig. 9 Inserção de tempo para imagens power point

Passo 4: Inserir os ficheiros áudio A Fig. 10 mostra a pasta áudio onde devem ser inseridos os ficheiros áudio da aula.

Fig. 10 Abrir a pasta áudio

Passo 5: Inserir os ficheiros de vídeo na pasta de vídeo. A Fig. 11 mostra os três ficheiros de vídeo.

Fig. 11 Ficheiros de vídeo do conferencista

Passo 7: Abrir o programa de registo de horas e inserir as pastas de áudio, vídeo, imagem e tempo. A Fig. 12 mostra o programa de registo de horas.

Fig. 12 O programa de registo de horas

Etapa 8: Produzir a aula eletrónica. A Fig. 13 mostra a aula eletrónica final, composta por vídeo, áudio e imagens de diapositivos com temporização.

O programa de registo de horas inclui a sincronização entre o áudio, o vídeo e as imagens.

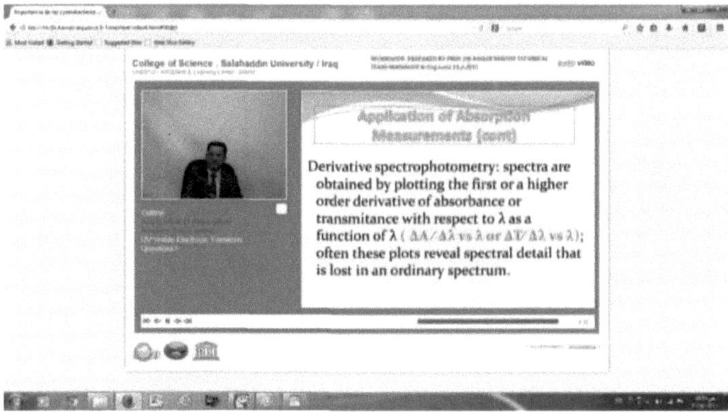

Fig. 13 Aula eletrónica final que compõe o vídeo, o áudio e as imagens dos diapositivos com cronometragem utilizando a tecnologia de folha de ponto

As Fig. 14, Fig. 15, Fig. 16 e Fig. 17 mostram exemplos de cursos em linha produzidos pelo Campus Virtual de Avicena (2003-2014).

Fig. 14 E-Lecture sobre campos electromagnéticos

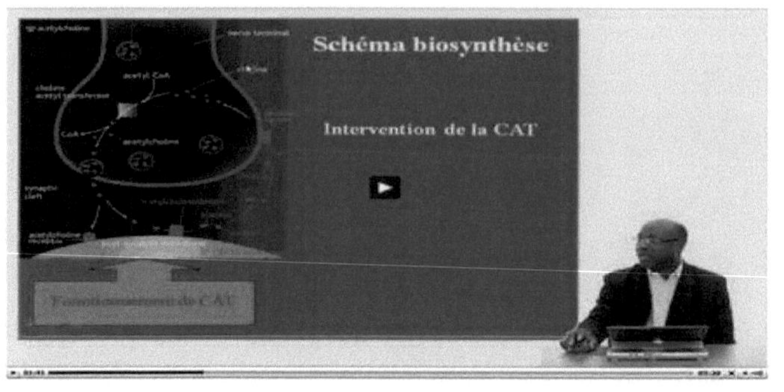

Fig. 15 Aula eletrónica de biologia

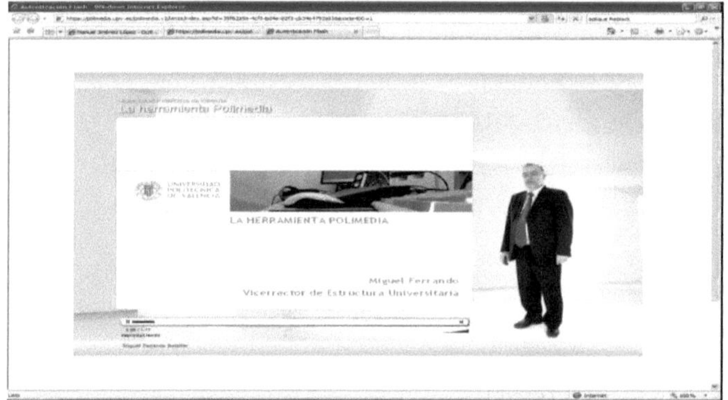

Fig.16 E-Lecture sobre Polymedia

A Fig. 17 mostra exemplos de cursos em linha produzidos pelo Campus Virtual de Avicena (2003-2006) em diferentes países, Egipto, França, Argélia, etc.

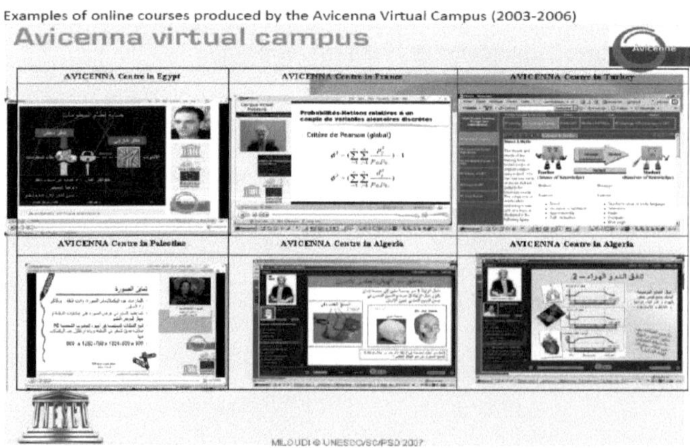

Fig. 17 Exemplos de cursos em linha produzidos pelo Campus Virtual de Avicena (2003-2006) em diferentes países,

20

Egipto, França, Argélia, etc.

4.4. Sistema de Garantia de Qualidade da Avicenna (AQAS)

4.4.1. Objetivo

> Criar um sistema de garantia de qualidade para o campus virtual da Avicenna no Iraque.

> A partir do AQAS (Sistema de Garantia de Qualidade da Avicena) desenvolvido para o campus virtual da Avicena na região mediterrânica (2002-2006).

4.4.2. Qualidade no ensino superior: o que é que

> Tradicionalmente, a palavra qualidade estava associada a ideias de excelência ou de desempenho excecional.

> Qualidade no ensino superior = adequação ao objetivo.

> As instituições definem a sua missão, metas e objectivos

> A qualidade é demonstrada pela consecução destes objectivos.

4.4.3. Qualidade no ensino superior: o COMO

> A expressão garantia de qualidade refere-se às políticas, atitudes, acções e procedimentos necessários para assegurar que a qualidade é mantida e melhorada.

> Por vezes, é utilizado num sentido mais restrito,

> quer para indicar o cumprimento de uma norma mínima,

> ou para se referir à garantia às partes interessadas de que a qualidade está a ser alcançada.

4.4.4. Normas, padrões e procedimentos

> Normas de garantia de qualidade para o ensino superior.

> Sistemas, normas e procedimentos nacionais de garantia da qualidade.

> É natural que o Campus Virtual de Avicena defina e construa o seu próprio sistema de garantia de qualidade.

> Isto levou à conceção e construção do AQAS - inspirado no sistema europeu de garantia da qualidade.

4.4.5. O sistema europeu de garantia da qualidade

> Iniciada pela chamada "Declaração de Bolonha", assinada pela maioria dos governos europeus em 1999.

> Compromisso com o objetivo de criar o Espaço Europeu do Ensino Superior, sendo a qualidade (do ensino superior) o cerne da criação desse espaço.

> Os países envolvidos "sublinharam particularmente que a qualidade do ensino superior e da investigação é e deve ser um fator determinante da capacidade de atração e da competitividade internacional da Europa".

4.4.6. AQAS (a edição original)

> Concebido para o Campus Virtual de Avicena na região do Mediterrâneo (20022006)

> Dedicou-se à gestão e acreditação de cursos produzidos (desenvolvidos).

> O processo de acreditação da Avicenna garante que os cursos produzidos pelos membros da rede Avicenna respeitam os objectivos definidos.

> Estes objectivos estão definidos no modelo pedagógico de Avicena.

4.4.7. Sítio Web do AQAS

> O AQAS (na sua edição original) era apoiado por um sítio Web que permitia candidatar-se (em linha):

> Produção de cursos (desenvolvimento), e para

> Acreditação do curso.

> A aprovação da produção do curso obedece aos termos do contrato do autor.

> A aprovação da acreditação dos cursos está sujeita aos requisitos do modelo pedagógico.

> Os cursos acreditados estão instalados na biblioteca do campus virtual da Avicena.

4.4.8. Outros serviços

> O sítio Web da AQAS permite a cada centro de conhecimento da Avicena aceder ao seguinte:

> a lista de todas as propostas (para produção de cursos) feitas até agora pelos centros de conhecimento da Avicena.

> a lista de cursos que foram aprovados para produção (por diferentes centros de conhecimento da Avicena).

> A lista de cursos acreditados (e depois instalados na biblioteca do campus virtual da Avicena).

4.4.9. A lista de propostas

> A lista das propostas permite aos autores das propostas:

> Manifestar o seu interesse em propostas apresentadas por outros centros de conhecimento de Avicena e

> Conhecer outros centros de conhecimento da Avicena que estejam interessados nas suas propostas.

4.4.10. O comité de acreditação (?)

> Os membros do comité de acreditação analisam as propostas e tomam as decisões adequadas.

> Analisam a produção e tomam as decisões adequadas.

> Trabalham em estreita colaboração com o Conselho Científico.

4.4.11. O conselho científico

> Composto por representantes de diferentes instituições académicas que acolhem centros de conhecimento da Avicena.

> Presidido pela UNESCO. Ver Fig. 18.

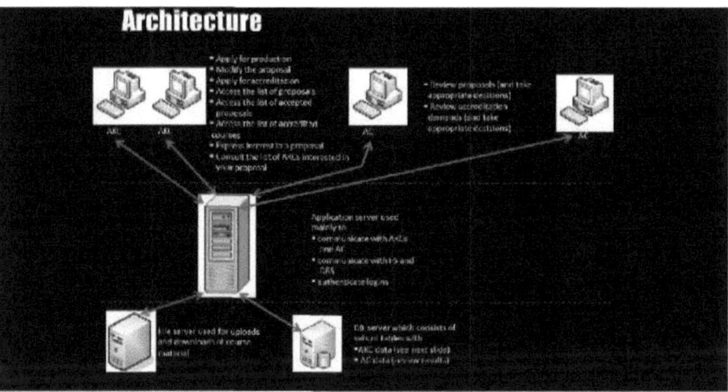

Fig. 18 Arquitetura e infraestrutura da rede informática que liga as instituições académicas que acolhem os centros de conhecimento da Avicena AKC [12]

4.4.12. Alguns pormenores

> Para se candidatar a uma produção, é necessário (por exemplo) apresentar o seguinte

> Informações sobre os autores

> Nome do autor

> Instituição autora

> Descrição do curso

> Título

> Assunto

> Domínio (informática, biologia, ...)

> Duração (20 h para um módulo)

> Língua (inglês, árabe, outra)

> Grau (BSc, BA, ...)

> Nível

> etc.

4.4.13. Especificações técnicas (proposta 1)

> O servidor de aplicações, o servidor de BD e o FS estão alojados na mesma máquina

> Hardware do servidor

> Processador i7

> 4 GB DE RAM

> 4 x 300 GB Disco rígido de ligação direta

> RAID 5 com opção de reserva

> Fonte de alimentação redundante de encaixe rápido

> Software de servidor

> Opção 1: fonte aberta (recomendado)

> Linux + Apache + PHP + MySQL + Moodle + [Java]

> Opção 2: solução própria

> Windows Server + IIS + Visual Studio + Moodle

4.4.14. Especificações técnicas (proposta 2) [13].

> O servidor de aplicações, o servidor de BD e o FS estão alojados em máquinas separadas

> Hardware do servidor de aplicações

> Processador i5

> 2GBRAM

> 2 x 140 GB Disco rígido de ligação direta

> RAID 1

> Fonte de alimentação redundante de encaixe rápido

> Software do servidor de aplicações (igual à opção 1)

> Hardware do servidor de BD

> Processador i5

> 4GBRAM

> 4 x 300 GB Disco rígido de ligação direta

> RAID 5 com opção de reserva

> Fonte de alimentação redundante de encaixe rápido

> Software do servidor DB

> Opção 1: fonte aberta (recomendado)

> Linux + MySQL ou Postgres

> Opção 2: solução própria

> Interface MS Windows Server + Ms SQL server da edição anterior do AQAS, ver Fig. 19.

Fig. 19 Sistema de Garantia de Qualidade do Campus Virtual da Avicena [13]

4.5. Desenvolvimento de interacções de avaliação utilizando o Macromedia Flash

> Ao desenvolver a avaliação, pode querer utilizar mais interacções do mesmo tipo (por exemplo, ESCOLHA MÚLTIPLA). Verá como acrescentar mais interacções do mesmo tipo.

> Poderá também querer eliminar alguns tipos de interacções, por não serem adequadas ao tipo de avaliação que está a desenvolver.

> Por exemplo, HOT SPOT). Verá como eliminar essas interacções.

> Também pode querer utilizar mais itens do que os fornecidos pela moldura "padrão". Por exemplo, as molduras de ESCOLHA MÚLTIPLA permitem, no máximo, cinco escolhas. Verá como acrescentar mais opções.

> Pode também querer utilizar menos itens do que os fornecidos pela estrutura "padrão". Por exemplo, precisa de interacções de ESCOLHA MÚLTIPLA com apenas quatro escolhas. Verá como cancelar escolhas.

Neste capítulo, as avaliações do Quiz são produzidas com diferentes estilos de interação. Os passos seguintes são apresentados para dar aos alunos e professores a forma de produzir os E-Quizzes no sítio Web da instituição e no ecrã do telemóvel.

4.5.1. Adicionar molduras

> Exemplo: acrescentar uma moldura de ESCOLHA MÚLTIPLA

> Exercício: repetir o exercício para os seguintes tipos de molduras:

> VERDADEIRO ou FALSO

> PREENCHER O ESPAÇO EM BRANCO

4.5.2. Integração de interacções Flash em sequências de e-learning SMIL [11,12]

4.5.2.1. Criar uma sequência de aprendizagem

> Criar uma pasta

> Na pasta, colocar o vídeo e os diapositivos

> Criar uma sequência de aprendizagem na pasta utilizando o LimSee2[11,12]

> Adicione o script .html (por exemplo, index.html)

> Reproduzir a sequência criada para ver o resultado

4.5.2.2. Criar a avaliação formativa

> Criar interacções de avaliação formativa utilizando o Flash para a sequência de aprendizagem criada anteriormente

4.5.2.3. Ligar a sequência de aprendizagem à sua avaliação formativa

> A ligação consiste em ir para o último diapositivo da apresentação e ligá-lo ao ficheiro html que executa as interacções Flash que representam a avaliação formativa.

> As Figs. 20, 21 e 22 mostram as amostras das escolhas do Teste Prático.

> Enquanto a Fig. 23 mostra a nota de uma aula do Quiz Prático.

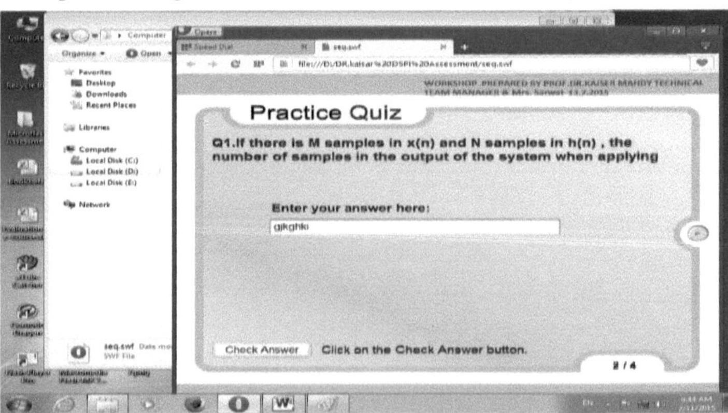

Fig. 20 Questionário prático

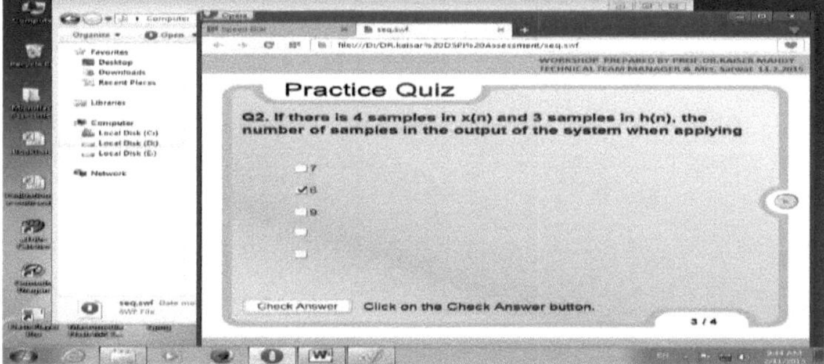

Fig. 21 Questionário prático Escolha múltipla

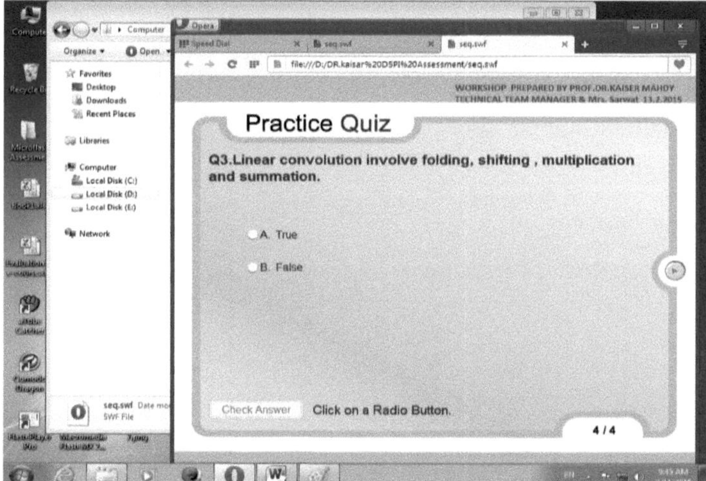

Fig. 22 Questionário prático Escolha falsa Verdadeira

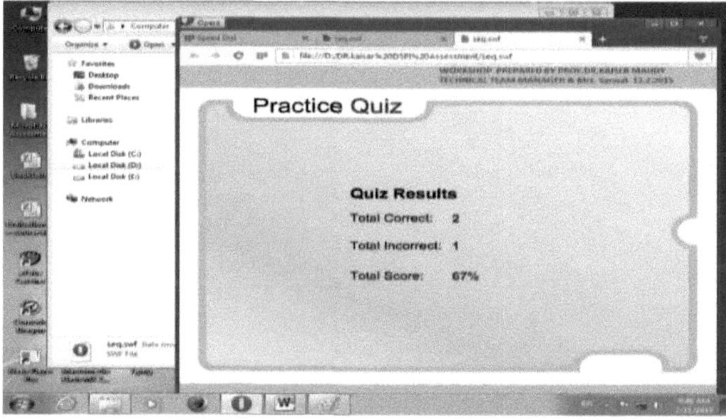

Fig. 23 Nota do teste prático de uma aula

4.6. Sistema de gestão da aprendizagem eletrónica (ELMS) do currículo eletrónico[14]

Utilizando a plataforma Moodle, os E-Cursos e os Módulos Avicena são concebidos e geridos de acordo com o programa da disciplina. O ELMS foi concebido e organizado para conter os seguintes resultados, ver Figs. 24 e 25;

1. A sequência produzida de acordo com a tecnologia de registo de horas.

2. A palestra em power point.

3. A avaliação do Quiz para cada aula.

> A Universidade de Salahaddin e a Universidade de Filadélfia publicaram o curso eletrónico produzido; ver http://pleiad.unesco.org/Fr/PrincipaleEleve.html

> Fundamentos das redes de telecomunicações e de computadores

> Introdução aos sistemas de informação

> Campos electromagnéticos

> Processamento digital de sinais.

> Análise e conceção de sistemas de informação de gestão

> Bioestatística

> Biologia celular

> Arquitetura de computadores

> Sistemas de informação distribuídos

> E-management e tecnologias da informação

> Fundamentos da Inteligência Artificial

> Biologia geral

> Instrumentação e medições

> Introdução à probabilidade e à estatística

> Sistemas mecatrónicos

> Análise e processamento de sinais

> Análise e conceção de software

> Curso de formação em inglês

> Curso de formação em árabe

> Curso de formação em francês

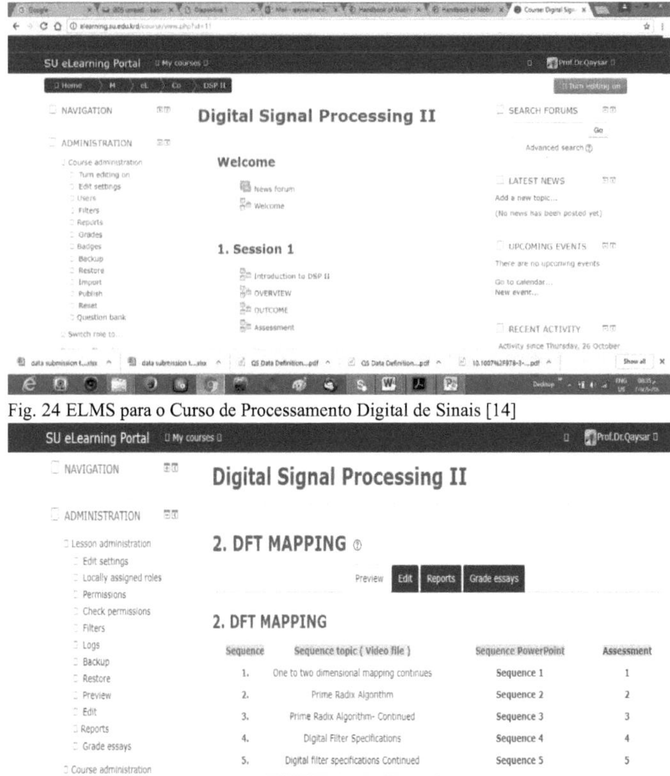

Fig. 24 ELMS para o Curso de Processamento Digital de Sinais [14]

Fig. 25 ELMS para o Curso de Processamento de Sinais Digitais com aulas em vídeo, diapositivos Power point e avaliação de aulas [14]

4.7. Garantia de qualidade dos cursos da Avicena: Processos e critérios de revisão[13]

4.7.1. Antecedentes

> Esta secção abordará principalmente a qualidade do desenvolvimento de conteúdos (produção de cursos)

> A qualidade é garantida pelos critérios definidos no modelo pedagógico de Avicena.

> Processos adicionais relacionados com os modelos de desenvolvimento de cursos que podem melhorar a qualidade.

> Entre esses processos, a revisão por pares é uma componente importante de qualquer modelo de desenvolvimento de cursos de e-learning.

4.7.2. Esboço

> Processo de avaliação pelos pares

> Ciclos no processo de desenvolvimento

> O ciclo de produção de conteúdos

> O ciclo de avaliação pelos pares

> Exemplos de critérios

> O papel do feedback na melhoria dos processos

> Algumas diferenças em relação ao contacto direto

> Observações finais

4.7.3. Processo de avaliação pelos pares

> O processo de avaliação pelos pares destina-se a garantir que os cursos de aprendizagem eletrónica:

> São coerentes com os programas curriculares reconhecidos,

> São pedagogicamente sólidos,

> Refletir as melhores práticas de aprendizagem eletrónica e avaliação (incluindo os seus vários tipos: diagnóstica, formativa, sumativa), e que

> Respeitar os princípios mais avançados de conceção pedagógica

4.7.4. A essência da análise pelos pares

> O processo de revisão por pares é formativo.

> Envolve uma equipa (de avaliação pelos pares) que decide sobre a aceitação final do curso desenvolvido.

> Consiste em sessões periódicas de revisão (pelos pares).

4.7.5. Ciclos no processo de desenvolvimento

> O processo de desenvolvimento de cursos de e-learning consiste em dois ciclos:

> um ciclo de produção de conteúdos, e

> um ciclo de revisão pelos pares.

4.7.6. O ciclo de produção de conteúdos

> O ciclo de produção de conteúdos é conduzido por uma equipa,

> Caracteriza-se por um processo iterativo de (conteúdo)

> criação,

> revisão, e

> edição.

> A frequência de repetição é determinada pela equipa de desenvolvimento (por exemplo, após cada sessão ou série de sessões).

4.7.7. O ciclo de avaliação pelos pares

> O ciclo de revisão pelos pares é também realizado por uma equipa.

> Os membros da equipa de avaliação interpares utilizarão critérios formativos (avaliação interpares).

> Utilizarão uma abordagem consensual na definição destes critérios.

> O reexame diz respeito ao curso

> conteúdo, conceção e

> estrutura.

4.7.8. Exemplos de critérios

> O conteúdo do curso está devidamente dividido em:

> Módulos,

> Sessões,

> Sequências de aprendizagem.

> Cada sessão é precedida de uma avaliação diagnóstica.

> Cada sequência de aprendizagem é seguida de uma avaliação formativa.

> O conteúdo da sequência de aprendizagem está devidamente dividido para apresentação no ecrã.

> Os alunos têm a oportunidade de interagir com o conteúdo.

> Os alunos têm a oportunidade de interagir com os seus tutores.

> Os alunos têm a possibilidade de apresentar os trabalhos por via eletrónica.

> O conteúdo inclui ligações adequadas a recursos externos.

4.7.9. O papel do feedback na melhoria do processo

> O feedback (dos avaliadores) pode ser utilizado para modificar

> o processo de desenvolvimento   ,

> a atividade de tutoria,

> a estratégia de avaliação ou

> criar novos instrumentos.

4.7.10. Os avaliadores

> Os avaliadores podem ser

> os criadores de cursos (a priori, ou seja, antes da entrega),

> Tutores (a posteriori, ou seja, após a entrega).

> A equipa de avaliação interpares pode incluir o perito pedagógico e o perito técnico.

> O feedback do tutor é muito importante porque

> reflecte o ponto de vista do tutor sobre o conteúdo apresentado,

4.7.11. Algumas diferenças em relação ao feedback presencial Inclui o feedback dos e-learners.

> No modo de ensino presencial, a avaliação interpares diz respeito apenas à lecionação do curso.

> Na aprendizagem eletrónica, o processo de avaliação pelos pares diz respeito

> Desenvolvimento de conteúdos, e

> Realização do curso.

A Fig. 26 mostra o Ciclo de Garantia da Qualidade da Avicena.

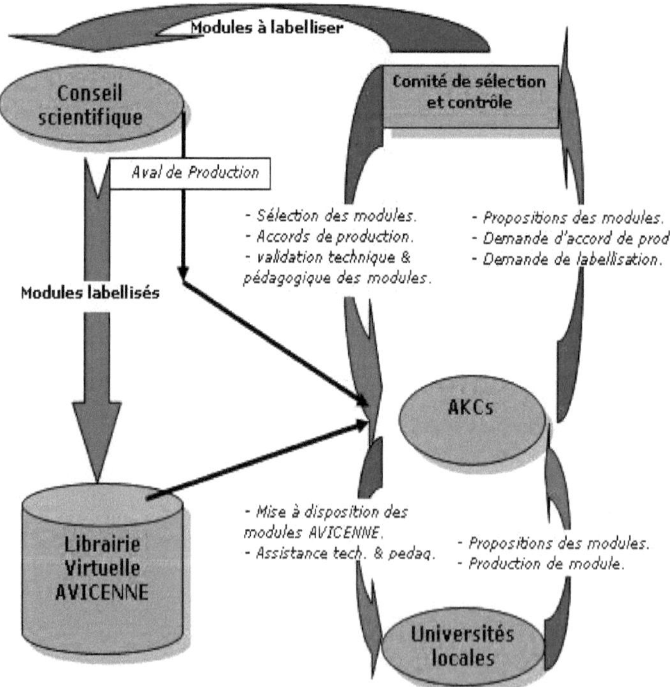

Fig. 26 Ciclo de Garantia da Qualidade da Avicena [13]

4.7.12. Adoção de cursos em linha em dispositivos móveis

Os programas e procedimentos de software acima mencionados são aplicados para criar as E-Lectures no dispositivo móvel, como se mostra na Fig. 27. Neste método, os diapositivos de vídeo, áudio e power points são compostos utilizando uma determinada tecnologia de programa.

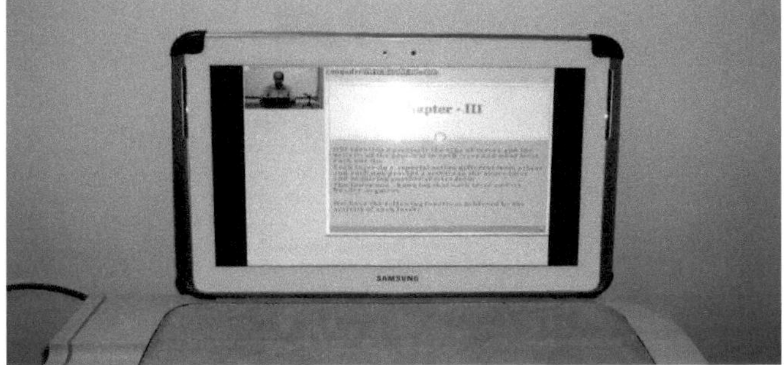

Fig. 27 Adoção de E-Lecture em linha em dispositivos móveis [13]

A mesma tecnologia é também adoptada para produzir a E-Lecture no telemóvel. São utilizados os mesmos passos e as mesmas normas para conceber e gerir o ELMS no dispositivo móvel.

A Fig. 28 mostra o vídeo e os diapositivos Power Point com o esquema da aula no ecrã do telemóvel. Esta tecnologia é mais aplicável, mais económica e mais flexível para os estudantes, professores e investigadores, que podem descarregar os seus cursos electrónicos a partir da sua base de dados móvel, em qualquer altura e em qualquer lugar. Agora, esta adoção oferece aos professores e aos estudantes a possibilidade de acederem à ligação do ELMS para qualquer curso e de editarem, publicarem os seus cursos, conferências, simpósios e descarregarem as aulas em vídeo, os diapositivos dos powerpoints e aplicarem os exames electrónicos e os questionários electrónicos.

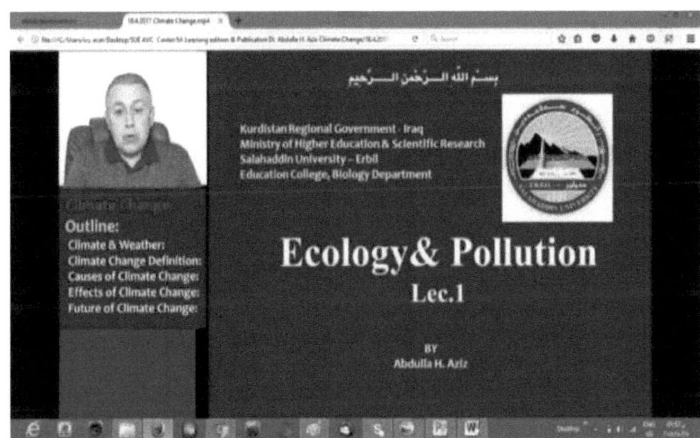

Fig. 28 Adoção de E-Lecture em linha no dispositivo móvel [14]

A Fig. 29 mostra o ELMS e o E-Curricula no ecrã do dispositivo móvel.

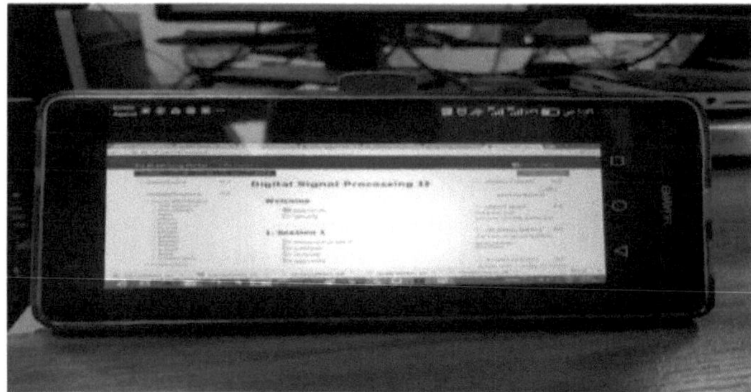

Fig. 29 Apresentação do ELMS e do E-Curricula no ecrã do dispositivo móvel [14]

A Fig. 30 mostra o desenho da avaliação da aula eletrónica e do questionário na plataforma Moodle no ecrã do telemóvel.

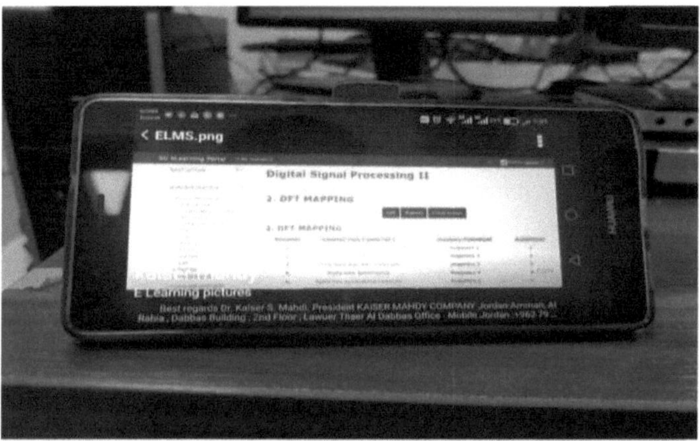

Fig. 30 Desenho da aula eletrónica e avaliação do Quiz na plataforma Moodle no ecrã do telemóvel [14]

A Fig. 31 mostra o exame do Quiz de escolhas múltiplas no ecrã do dispositivo móvel [14]. Por sua vez, a Fig. 32 mostra o resultado do teste da aula eletrónica no ecrã do dispositivo móvel [13].

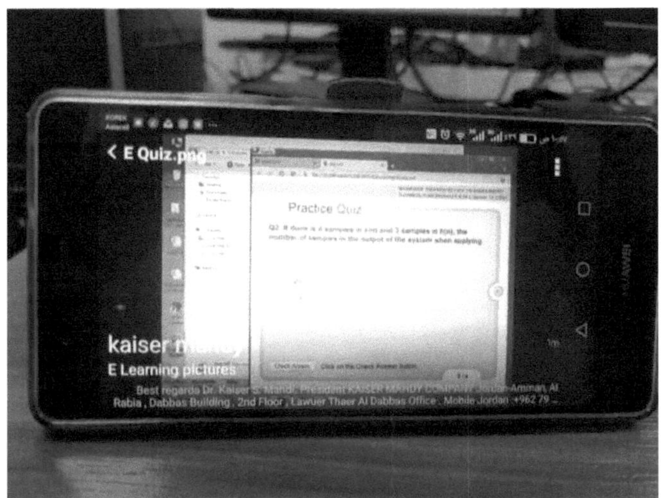

Fig. 31 Exame de escolha múltipla no ecrã de um dispositivo móvel

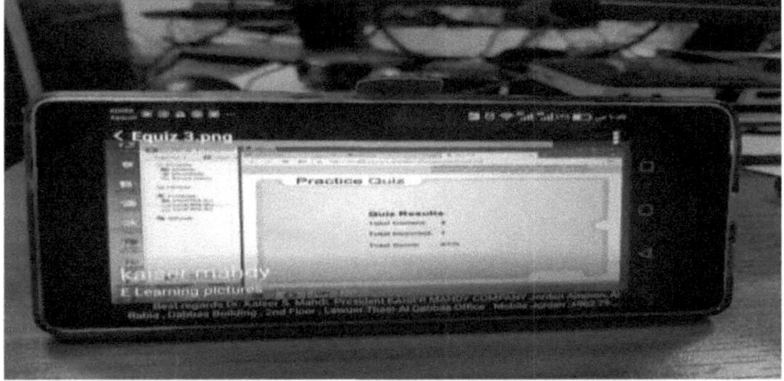

Fig. 32 Resultado do questionário da aula eletrónica no ecrã do dispositivo móvel

Conclusão

> A adoção de tecnologias móveis no ensino e na aprendizagem é apresentada neste capítulo e permite uma compreensão clara e aplicações úteis dos recursos móveis na aprendizagem eletrónica e na aprendizagem móvel.

> A atualização e o desenvolvimento da organização e da conceção do ELMS através da tecnologia Timesheet e do modelo pedagógico moderno da UNESCO reflectem a importância de moldar e modificar o nosso processo de ensino e aprendizagem.

> O e-syllabus na plataforma Moodle é o principal objetivo e tarefa que os professores e estudantes devem aplicar e adotar as tecnologias móveis para melhorar as suas competências e desempenho e recomenda-se que o seu modo de ensino seja envolvido para melhorar este processo.

> O ciclo de desenvolvimento e de garantia de qualidade AQUAS é introduzido neste projeto a fim de controlar a qualidade do sistema ELMS.

> Os resultados práticos e de boa viabilidade deste projeto permitem obter instalações de produção de fácil acesso, muito fáceis, adequadas, flexíveis e económicas que poupam tempo, dinheiro e esforços a professores e alunos em qualquer lugar e a qualquer momento.

> Os professores e os alunos são convidados a aprender sobre as novas tecnologias dos dispositivos móveis e é muito importante criar um programa em cada escola para abrir oficinas que permitam aos professores e aos alunos serem muito competentes e qualificados na produção dos seus debates, videoconferências, cursos electrónicos, avaliações, publicações, conferências e investigações.

> Para o futuro, sugere-se a tecnologia de computação em nuvem para o M Learning, que utilizará a nuvem Moodle para facilitar e melhorar o desempenho do ELMS.

> Este projeto introduziu e estudou os seguintes temas ;

1. Desenvolvimento de tecnologia de folha de ponto.

2. O Sistema Eletrónico de Gestão da Aprendizagem (ELMS) nos dispositivos móveis

3. O Projeto do Campus Virtual da UNESCO no Iraque.

4. O desenvolvimento de um modelo pedagógico para o curso de Avicena.

5. O ciclo de garantia da qualidade do desenvolvimento do AQUAS.

6. A adoção de tecnologias móveis modernas

> Muitos cursos foram desenvolvidos em centros AVC em todo o mundo de acordo com o modelo atual e as facilidades do telemóvel são utilizadas para conceber e publicar o ELMS

> Os centros de aprendizagem eletrónica AVC da Universidade de Salahaddin, Erbil, no Curdistão, e da Universidade de Filadélfia, na Jordânia, desenvolveram os seguintes cursos, alguns dos quais são enumerados abaixo. Para mais informações, visitar http ://pleiad.unesco.org/Fr/PrincipaleEleve.html

> Processamento digital de sinais

> Campos electromagnéticos

> Ótica

> Fundamentos das redes de telecomunicações e de computadores

> Introdução aos sistemas de informação

> Análise e conceção de sistemas de informação de gestão

> Bioestatística

> Análise química

> Biologia celular

> Arquitetura de computadores

> Sistemas de informação distribuídos

> E-management e tecnologias da informação

> Fundamentos da Inteligência Artificial

> Biologia geral

> Instrumentação e medições

> Introdução à probabilidade e à estatística

> Sistemas mecatrónicos

> Análise e processamento de sinais

> Análise e conceção de software

> Linguística inglesa

> Agricultura

> Curso de formação em inglês

> Curso de formação em árabe

> Curso de formação em francês

Agradecimentos

> Nesta ocasião, há que registar o nosso agradecimento e apreço aos nossos colegas e amigos que fazem deste sonho uma realidade, tais como

> Dr. Idri H. Salih, X - Ministro do Ensino Superior e da Investigação Científica do Curdistão do Iraque/ Presidente e Chefe do Conselho de Administração da Universidade de Ishik,

> Assistir. Prof. Dr. Ahmed A. Dezaye / Presidente da Universidade de Salahaddin, Erbil ,

> Senhora Samie A. Saadawee / Directora do Programa da UNESCO no Iraque,

> Prof. Dr. M. Meloudi/Coordenador do programa Gabinete da UNESCO em Paris,

> Sr. Adnan A. Yehya / Diretor do centro AVC da Universidade de Filadélfia, Jordânia

> Prof. Dr. Ibrahim I. Hamarash/Decano da Faculdade de Engenharia da Universidade de Salahaddin, Erbil,

> Assistir. Prof. Ismail Musa Murad Diretor do AVC E Learning center Universidade de Salahaddin e

> Todas as mãos e toques que nos ajudaram a publicar este capítulo.

> Portal do campus virtual da Avicena: http://pleiad.unesco.org/portal/

> Plataforma do campus virtual da Avicenna: http://pleiad.unesco.org/

> Página de garantia de qualidade do campus   Avicennavirtual: http://pleiad.unesco.org/aquas

> Trabalho conjunto com I. Alfuqaha, curso de formação: http://pleiad.unesco.org/Fr/PrincipaleEleve.html

Lista de termos

LIST OF TERMS	Explanation
APACHE	Acute Physiology and Chronic Health Evaluation
AVC	Avicenna Center
AVCI	Avicenna Center Iraq
AQAS	Avicenna Quality Assurance System
AQUAS	Avicenna Quality Assurance System
AKC	Avicenna Knowledge Center
DB	Database
e-courses	Electronic courses
e -Learning	Electronic Learning
e-lecture	Electronic lecture
FS	File Server
ELMS	Electronic Learning Management System
GB	Gega Byte
Html	Hypertext Markup Language
Java	is a general-purpose, concurrent, class-based, object-oriented computer programming language
Limsee 2	Video Programing format in the SMILE language
Linux	Linus Torvalds to create a new free operating system
M Learning	Mobile Learning
Moodle	Modular Object-Oriented Dynamic Learning Environment
MySQL	My Structured Query Language relational database management system
ogg	Open container format maintained by the Xiph.org Foundation
ogv	Ogg Video
PDAs	Personal Digital Assistants
PNG	Portable Network Graphics
RAM	Random Access Memory
RAID	Redundant Array of Independent Disks
SMILE	Synchronized Multimedia Integration Language
UNESCO	United Nations Educational, Scientific and Cultural Organization
URL	Uniform Resource Locator
Web	World Wide Web

Webm	Web Media fileA video file format from Google that is one of the <u>native</u> formats in HTML5
WME	Windows Media Encoder

Referências

[1] Quinn, C. (2000). mLearning: Mobile, Wireless, in your Pocket Learning. LineZine,F all2000.[Acedido em 16/12/2007].

http ://www.linezine.com/2.1/features/cqmmwiyp .htm.

[2] Possibilidades de aplicação de ferramentas electrónicas na educação: aprendizagem móvel Maria Luisa Vinci, Daniela Cucchi ITI-IPIA Leonardo da Vinci Florença / Itália E-mail: itiprogetti@comune.fi,it.

[3] Figueiredo AD, Afonso AP. Contexto e aprendizagem: Uma abordagem filosófica. In Figueiredo AD, Afonso AP, editores. Gerir a aprendizagem em ambientes virtuais: O papel do contexto. Hershey, PA: Grupo Idea; 2005. pp. 1-22.

[4] Pelgrum W. Obstáculos à integração das TIC na educação: resultados de uma avaliação educativa mundial. Computadores e Educação. 2001; 37(2): 163-78.

[5] Melhuish K, Falloon G. Olhando para o futuro: M-learning com o iPad. Computadores nas escolas da Nova Zelândia: Learning, Leading, Technology. 2010; 22(3), 1-16.

[6] Falloon G. Jovens estudantes que utilizam iPads: Influências da conceção das aplicações e dos conteúdos nos seus percursos de aprendizagem. Computers & Education. 2013; 68, 505-21.

[7] Clark W, Luckin R. O que diz a investigação. IPads na sala de aula. Londres: Instituto de Educação da Universidade de Londres; 2013.

[8] Jun Hu*. Adoção da tecnologia móvel no ensino superior: An Introduction. Faculdade de Engenharia e Ciências da Informação, Universidade de Wollongong, Wollongong, NSW, Austrália.

[9] Jing Zhang*. Um novo padrão de educação aplicado a multidões globais de todas as idades: Mobil Education. MADE IT Biotech (Beijing) Limited (Portão Norte da Central Eléctrica da Universidade de Tsinghua, Beijing, China.

[10] O'Malley et al. O'Malley, C, Vavoula, G, Glew, JP, Taylor, J, Sharpies, M e Lefrere, P (2003). Directrizes para a aprendizagem/ensino/tutoria num ambiente móvel._www.mobilearn.org/results/results.htm.

[11] D. Weck, http://limsee2.gforge.inria.fr/tutorial.html ,

[12] J. Prévost, http://www.renater.fr/Video/2001ATHENS/JP-ATHENS-SMIL.PDF

[12] Attewell, 2005, Using mobile technologies to develop new ways of teaching and learning J.Herrington University of Wollongong, janherrington@gmail.com A. Herrington University of Wollongong, tonyh@uow.edu.au Jessica Mantei University

of Wollongong, jessicam@uow.edu.au I. Olney University of Wollongong, iano@uow.edu.au B. Ferry University of Wollongong, bferry@uow.edu.au.

[13] Mohamed n Bettaz, Projeto do Campus Virtual de Avicena no Iraque / Workshop UNESCO / Universidade de Filadélfia / Jordânia - Amã 15-24/11/2011, Diretor das TIC, Ministério do Ensino Superior, Argel - Argélia. http ://pleiad.unesco .org/Fr/PrincipaleEleve.html

[14] Qaysar Mahdi. CAMPUS VIRTUAL DA UNESCO AVICENNA NO IRAQUE "Workshop sobre aprendizagem eletrónica e formação de professores para melhorar a qualidade e a aprendizagem dos professores nos níveis superior, secundário e primário", Universidade de Salahaddin, Erbil, setembro de 2014.

Referências de apoio

> AQUAS: Sistema de Garantia de Qualidade da Avicena.

> http://pleiad.unesco.org/aquas

> Todas as informações necessárias:

> Critérios de desenvolvimento,

> Avaliação,

> Acreditação.

> Inspirada no sistema europeu de garantia da qualidade (processo de Bolonha, Berlim) "Declaração de Bolonha", assinada pela maioria dos governos europeus em 1999.

Printed by Books on Demand GmbH, Norderstedt / Germany